Petit Memento

Yves Pariot

Trouver un job

EYROLLES
Éditions d'Organisation

Éditions d'Organisation
Groupe Eyrolles
61, bd Saint-Germain
75240 Paris cedex 05

www.editions-organisation.com
www.editions-eyrolles.com

ISBN : 978-2-212-55294-2

Sommaire

Remerciement

Je remercie vivement mon éditrice, Marguerite Cardoso, qui me fait confiance à nouveau pour mon troisième livre en éditant ce mémento. Je remercie également toute l'équipe des Éditions d'Organisation, des services éditoriaux jusqu'aux commerciaux, en passant par la fabrication. Ils concourent tous par leur engagement au succès des livres des éditions Eyrolles.

Je tiens aussi à remercier mon épouse, qui suit avec intérêt mes projets éditoriaux, bien qu'une partie importante de mon temps soit destinée à écrire ou à me documenter.

Introduction

Sus aux préjugés

Savez-vous vous vendre ? Êtes-vous intéressant pour un recruteur ? Voulez-vous vraiment trouver un job ? Avez-vous les bons arguments ? Avez-vous identifié vos freins ? Savez-vous convaincre ?

Ces questions un brin provocatrices pour certaines sont juste posées pour vous interpeller. Il s'agit de montrer votre quête d'emploi sous un jour différent – que vous n'aviez pas forcément envisagé – et de vous aider à comprendre qu'il va falloir mettre en pratique des techniques auxquelles vous n'êtes pas forcément habitué. Il est en effet indispensable de se préparer pour faire face à un marché de l'emploi difficile, cyclique, souvent peu actif et hyperconcurrentiel, où les techniques traditionnelles de recherche rencontrent peu de succès (candidatures spontanées, réponses à des annonces).

En restant sur des habitudes de recherche du type «*Je réponds à une annonce et attends la réponse*» ; «*J'ai envoyé des candidatures spontanées, mais personne ne me rappelle*» ; «*Je n'ai pas de réseau, donc je ne peux pas trouver de travail*» ; «*Je passe mon temps sur Viadeo à étoffer mon réseau*», vous allez droit à l'échec ou à l'épuisement, ou pourquoi pas les deux ! Ceci vous fait peut-être sourire, mais de nombreuses personnes effectuent ainsi leur recherche : en toute logique par rapport aux méthodes décrites dans ce livre, ils se démotivent très vite au regard de l'absence de résultat.

C'est pour cela qu'il va falloir mettre un grand coup de balai dans vos préjugés et revoir votre façon de chercher du travail pour en trouver. D'autant plus que se retrouver au chômage au cours de sa vie professionnelle est désormais une chose malheureusement commune. Ce n'est pas pour autant que ce moment est facile à vivre, surtout s'il se produit en pleine crise économique, propice à maintenir le taux de chômage élevé. Cependant, même en période de croissance, il ne faut pas rêver à un taux de chômage très bas... C'est pour cela qu'il est nécessaire de prendre conscience qu'une période de chômage est toujours envisageable dans un parcours professionnel. Il faut donc maîtriser au même titre que ses propres compétences métier les techniques permettant de retrouver le plus rapidement possible un travail en cas d'accident de carrière.

Le taux de chômage en France de 2001 à 2010 (au sens du PIB)

Année	2001	2002	2003	2004	2005	2006	2007	2008	2009	2010
Taux de chômage en France	8,3 %	8,6 %	9,0 %	9,3 %	9,3 %	9,2 %	8,4 %	7,8 %	9,5 %	9,7 %

Source : EUROSTAT.

Ces statistiques montrent que le taux de chômage en France reste toujours élevé en moyenne. Seule la population des cadres est moins touchée, avec un taux d'environ 5 %. Le chômage est un mal persistant français, qui varie entre 8 % et 10 % de la population active selon les périodes économiques favorables ou moins favorables. Néanmoins, si le taux de chômage ne descend jamais jusqu'à un niveau de 5 % – ce qui équivaudrait presque à un taux de plein emploi –, il ne s'envole pas non plus à 20 %, comme c'est par exemple le cas en Espagne fin 2011.

Pour se faire une idée plus précise du chômage, il convient de le relativiser selon les régions, le secteur d'activité, le niveau de diplôme, l'âge, le statut et le métier. Les sites de l'Insee ou du ministère du Travail pourront vous donner le détail de tous ces éléments qu'il est intéressant d'analyser, mais qui ne consoleront jamais une personne sans travail.

Un vrai projet

Se lancer dans une recherche d'emploi constitue donc un vrai projet. Il doit être mené comme tel avec constance, sérieux et surtout ténacité.

Vous trouverez de très nombreux livres sur la recherche d'emploi. Dans cette jungle éditoriale, on distingue deux principales grandes familles : d'un côté, des livres consacrés à un sujet précis, le CV, la lettre de motivation, le réseau, etc. ; de l'autre, des ouvrages dédiés à la recherche d'un job de A à Z. Dans cette catégorie, il faut en général lire plusieurs centaines de pages pour découvrir la nature de la démarche.

Voilà pourquoi j'ai pris le parti d'écrire ce mémento, qui se positionne entre les deux familles de livres existants, en vous présentant les points importants de manière synthétique pour aborder une recherche d'emploi dans sa globalité. À vous ensuite de compléter si besoin est ce discours par des informations supplémentaires dans un domaine ou dans un autre.

Ce mémento est surtout destiné à couvrir l'ensemble de la démarche et à vous faire prendre conscience que la recherche d'un job demande un investissement en temps, en technicité et un effort de travail personnel.

Les principales armes les plus efficaces pour éviter une période de chômage sont nombreuses et complémentaires :

- maintenir et développer ses compétences ;
- bien se connaître ;
- entretenir un réseau ;
- anticiper les réorganisations des entreprises ;
- connaître son marché et ses tendances ;
- savoir ce que vous voulez faire et ce que vous pouvez faire ;
- prendre du plaisir dans son travail ;
- etc.

Il n'y a pas une recette miracle, mais toute une somme de paramètres à maîtriser. On peut résumer cela à une démarche marketing personnel. Ce « marketing de soi » vise à se démarquer, se positionner clairement, communiquer efficacement et déterminer ses cibles. Tel est l'objectif de ce livre : vous donner les points clés pour réussir dans votre démarche.

Fiche n° 1

Ce qu'il faut avoir en tête avant de démarrer une recherche d'emploi

Anticiper

L'anticipation des tendances des marchés, des changements d'organisation et de vos futures envies sont des signaux à prendre en considération. En résumé, prenez un coup d'avance. N'attendez pas d'être dans une situation intenable pour commencer à vous mobiliser. Restez en veille sur les marchés qui se développent, soyez moteur dans votre entreprise afin de proposer des changements plutôt que de les subir, et surtout écoutez et exprimez vos envies.

Être prêt

Il faut vous lancer dans votre projet uniquement si vous êtes prêts dans votre tête, car la recherche d'emploi est une démarche difficile, d'autant plus compliquée à gérer et à réussir lorsqu'elle est mal vécue et mal préparée. Évitez aussi de tomber dans le piège inverse, à savoir repousser chaque jour au lendemain la recherche d'emploi.

Réseauter

Vous allez devoir sûrement mettre en place de nouvelles techniques pour trouver un travail. La recherche est un job à plein temps. Il faut s'organiser professionnellement, surtout en ce qui concerne la démarche réseau qui, en général, n'est pas très naturelle pour nombre d'entre nous. Ne perdez pas de temps à essayer de ne pas entrer dans une démarche réseau, car c'est vraiment la clé pour trouver un emploi dans le marché caché. Si vous avez des réticences, il va falloir vaincre votre résistance et vos peurs. Chez certains, la difficulté est même culturelle : on ne demande pas de service aux autres.

Dans le livre de Laurent Gounelle, *L'homme qui voulait être heureux* (Pocket, 2010), on assiste à une scène surprenante. Durant ses vacances à Bali, un homme consulte un vieux guérisseur uniquement parce que sa réputation lui a donné envie de le rencontrer. À sa grande surprise, le vieux sage diagnostique rapidement qu'il n'est pas heureux. Au fil de leurs échanges, le guérisseur lui démontre que ses propres croyances le freinent dans sa vie. Pour le lui prouver, le sage lui propose de réaliser un exercice : demander un service dans la rue à des personnes inconnues. L'homme pense en effet que les gens en général ne veulent pas rendre service et que, par conséquent, il ne peut pas leur demander d'aide. L'objectif fixé est simple : il doit tout faire pour obtenir une réponse négative. Or l'homme ne parvient pas à obtenir un « non ». Les personnes qu'il croise ne refusent jamais sa demande et cherchent plutôt une solution pour l'aider. Gardez à l'esprit cette anecdote lorsque vous commencerez votre recherche.

Voir loin

Choisir son prochain emploi en pensant au coup d'après évite les postes estampillés «voie de garage». Il est nécessaire de se projeter en se demandant quelle plus-value on peut en tirer pour se vendre dans les trois à cinq ans à venir. Si vous ne savez pas répondre à cette question, ne prenez pas le poste en question, sauf si vous vous sentez obligé pour des raisons financières et alimentaires.

Voir près

Il ne faut pas négliger la piste de l'évolution en interne si vous êtes encore en poste. Trop fréquemment, les salariés regardent à l'extérieur de leur entreprise avant d'avoir examiné les possibilités en interne. C'est une piste plus simple à aborder et moins risquée pour vous et pour l'employeur.

Gérer le stress

La gestion du stress et le maintien du moral à un niveau élevé sont un enjeu important dans le cadre d'une recherche ; d'autant plus si vous êtes hors poste, car vous subissez en plus la pression du temps. Il faut savoir que la notion du temps est différente lorsque vous êtes en recherche d'emploi. Le temps passe lentement lorsque vous attendez des réponses ou des rendez-vous. D'un autre côté, le temps passe vite, car vous vivez aussi en général des périodes creuses durant lesquelles vous n'arrivez pas à avancer dans votre quête. Il faut avoir également à l'esprit que la notion de temps diffère selon que l'on cherche un emploi ou que l'on recrute. Le fait que les réponses n'arrivent pas assez rapidement à votre goût ne représente pas forcément un mauvais signe. Les circuits de décision peuvent être longs ou bien votre interlocuteur est très occupé par d'autres projets. D'où l'intérêt de chercher un emploi lorsque l'on est encore en poste, si vous pouvez vous offrir ce luxe, vous aurez moins à subir cette pression du temps qui peut générer du stress et de la démotivation.

Être réaliste

Le poste qui concilie des missions intéressantes, un bon salaire, une grande proximité avec votre lieu d'habitation, des évolutions possibles, un management hypercompétent et à l'écoute est rare, voire très rare. Tout cela pour dire qu'il faut savoir-faire des compromis lorsque l'on cherche un job. Le recruteur recherche parfois le mouton à cinq pattes. Ne faites pas comme lui.

Ne pas rester isoler

Une recherche d'emploi dure en général longtemps. Les délais de retour à l'emploi atteignent facilement un an, voire plus. Pour garder le moral, pour répondre à ses propres interrogations, pour débriefer les entretiens que l'on a décrochés, il est important et utile de s'entourer. Un mentor, un coach, un groupe de recherche d'emploi permettent de tenir la distance et d'analyser au fur et à mesure les ajustements nécessaires à réaliser dans son discours. Il est vraiment nécessaire d'obtenir ce soutien. Organisez-vous en conséquence dans votre recherche d'emploi.

Conserver le cap

Les huit points présentés précédemment sont importants, mais celui-ci est fondamental pour faire aboutir votre projet de recherche. Au cours de votre périple, vous traverserez des périodes de doute et de questionnement. C'est tout à fait normal. Vous allez également obtenir lors de vos rencontres des informations pour rapport à votre candidature. Si certaines sont pertinentes, nombre d'entre elles ne vaudront pas grand-chose. La difficulté est donc de faire le tri. Voilà pourquoi il est important de bien définir votre projet sur des bases solides afin de converser le cap durant la recherche. Saviez-vous que des clubs de football ont refusé d'engager Michel Platini, alors jeune joueur de football, car il n'avait soi-disant pas le bon profil ? Faut-il le rappeler, il est devenu une star planétaire du ballon rond. Quel flair ! Heureusement pour lui et pour nous, il a persévéré. Pour vous, cela va être pareil. Certaines personnes, pas forcément par malveillance, mais surtout en raison de leur analyse et de leur vécu, vont vous cataloguer dans un registre qui ne vous convient pas ou ne vous intéresse pas. Il faut apprendre à résister à ces conseils, souvent contradictoires. Si vous changez d'orientation, faites-le uniquement après avoir exploré celle-ci à fond. Au final, conserver le cap, comme un bateau dans la tempête, est essentiel.

Les trois points essentiels à retenir

- Se lancer dans une démarche d'emploi se prépare
- Développer un réseau et le mettre à profit est la méthode la plus efficace
- Anticiper, détecter, observer les tendances du marché vous permettront d'être acteur pour aller vers des postes à potentiel

Fiche n° 2

Se plaire à soi-même, une condition indispensable

Avant de commencer à découvrir les grands principes d'une recherche d'emploi réussie, il faut prendre en considération une condition indispensable sans laquelle on ne peut pas faire aboutir son projet. Par essence difficile, la recherche d'emploi nécessite d'être à son potentiel maximum sous les angles psychologique et moral. En résumé, en reprenant une expression populaire, il faut être « bien dans ses baskets ». Pour plaire à un recruteur, il faut se plaire à soi-même : c'est la première condition pour décrocher un emploi. Et pour se plaire à soi-même, il faut être dans de bonnes dispositions. Afin de créer ces conditions optimales, il faut réaliser un travail sur soi. Ce n'est pas une règle générale, car heureusement, de nombreux candidats ont bien les pieds sur terre. En revanche, une partie non négligeable des chercheurs d'emploi présente un handicap qu'il est nécessaire de mettre au jour et de traiter pour progresser. L'aide d'un coach peut être précieuse dans ce cas-là. Le mot « handicap » est à entendre au sens d'un comportement répétitif qui empêche de progresser, mis en place inconsciemment.

Identifiez vos freins personnels

Nous avons tous rencontré des personnes en recherche d'emploi qui n'ont pas fait le deuil de leur ancien poste et qui, en conséquence, ne se présentent pas à leur avantage lors d'un recrutement. J'ai en mémoire un candidat qui m'a confié avoir « vidé son sac », lors d'un entretien de recrutement, sur son ancien employeur, sans avoir eu conscience une seconde que c'était une attitude suicidaire. Qui aurait envie d'embaucher une telle personne ?

Nous connaissons tous des personnes qui ont été anéanties par un licenciement brutal et ayant des difficultés à se reconstruire et à reprendre confiance en elles. Lors d'un entretien, le manque de confiance en soi transparaît assez facilement et cela peut inciter un recruteur à écarter la candidature de la personne s'il n'a pas décelé ou pris le temps de comprendre que le candidat a été secoué par sa mésaventure professionnelle.

Nous avons tous croisé des personnes qui possèdent des compétences d'un bon niveau, mais qui, par leur comportement, se sabordent sans en avoir vraiment conscience. Elles entrent dans une spirale négative qui bloque leur développement professionnel par des problèmes qui sont souvent d'origine personnelle. Tant qu'elles n'auront pas fait un travail sur elles-mêmes, la situation restera bloquée.

En pratique

J'ai le souvenir d'une personne qui, dès qu'on lui proposait une évolution, mettait en place des mécanismes inconscients pour se saborder. Ce jeune homme trouvait toutes les bonnes raisons du monde pour refuser de progresser. Quand on lui a proposé de passer d'un CDD à un CDI, il a prétexté que l'entreprise allait déménager et qu'il ne savait pas si son futur trajet ne serait pas trop long et ingérable au fil des semaines. Le poste en CDI a donc été proposé à une autre personne, qui l'a accepté. Six mois plus tard, dans un contexte économique pourtant morose, un nouveau poste en CDI a été ouvert. Cette fois-ci, notre jeune homme a accepté le poste. Heureusement que son employeur lui a donné une seconde chance ! Deux ans plus tard, un poste d'un niveau supérieur a été ouvert, auquel il a postulé. Au cours du processus de recrutement, il a pourtant décidé de retirer sa candidature au prétexte que les épreuves de sélection étaient disproportionnées, car son potentiel était connu de l'entreprise. Ce comportement montre que ce jeune homme érige lui-même des barrières supplémentaires pour évoluer dans l'entreprise tout en

.../...

invoquant des raisons qui lui semblent tout à fait valables et logiques. Tout l'enjeu pour lui est de prendre conscience de ces mécanismes inconscients en prenant le recul nécessaire pour analyser la situation. Une remise en cause est incontournable pour évoluer dans ce type de situation. Pour cela, il faut ouvrir les yeux ou accepter de se faire aider pour y arriver.

Supprimez une cause de démotivation

Pour les candidats des exemples cités ci-dessus, la conséquence probable de leur attitude est la démotivation. Fréquemment, ces personnes rencontrent des difficultés pour identifier leurs problématiques. Cela conduit à la répétition des échecs. Sans prise de recul à un certain moment du parcours pour analyser et comprendre ces problèmes, leur évolution professionnelle sera difficile et/ou douloureuse. À la démotivation, il faut parfois ajouter le manque de maturité qui amplifie leurs problèmes.

Apprenez à connaître votre meilleur ennemi

Tout cela pour dire que votre meilleur ennemi, c'est vous ! Évidemment, une offre d'emploi comporte toujours des prérequis d'expérience, de niveau, de diplôme, etc. Cependant, l'élément vraiment rédhibitoire est le manque de savoir-être. Il est indispensable en entretien et nécessaire au quotidien dans l'entreprise. Un recruteur préférera de loin un candidat d'un niveau technique moyen avec un savoir-être équilibré, plutôt qu'un candidat de très haut niveau, mais ingérable du fait de comportements difficiles. D'ailleurs, on observe en entreprise une proportion non négligeable de personnes posant des problèmes à leur management uniquement à cause de leur manque de savoir-être. Plus précisément, ces comportements posant problème sont l'agressivité verbale ou comportementale, une timidité excessive, la mythomanie, des actes de manipulation, assimile leur responsable à leur propre père ou à leur mère.

Lorsque la personne est jeune, ces difficultés sont parfois mises sur le compte d'un manque de maturité, mais pour les autres, il s'agit de problèmes souvent personnels qui rejaillissent et débordent sur la vie professionnelle.

Ne tombez pas dans l'excès inverse

Se plaire à soi-même est une condition indispensable pour avancer dans une recherche d'emploi. Tout est cependant une question de dosage dans la manière de montrer son assurance et ses compétences. Sachez que les candidats de type narcissique et très contents d'eux-mêmes sont fréquemment écartés. Une entreprise recherche un professionnel équilibré, non une vedette de cinéma.

Les trois points essentiels à retenir

- Pour plaire aux autres, il faut se plaire à soi-même.
- La remise en question est indispensable pour progresser.
- Votre meilleur ennemi est souvent vous-même : détectez vos freins et levez-les.

Faire le bilan de son parcours et définir son projet professionnel

› Qu'avez-vous envie de faire ?

› Que savez-vous faire ?

› Quels sont les besoins du marché ?

Commencez par le début, comme dirait La Palisse

Avant de se lancer dans la recherche d'emploi, il existe une étape préparatoire indispensable : reconstituer son parcours afin de faire un bilan professionnel et personnel. Celui-ci servira de socle principalement pour définir votre projet, ainsi que pour élaborer votre *curriculum vitae* (CV), lister vos réalisations probantes, répertorier vos compétences et repérer les missions qui vous ont le plus plu. En effet, on ne peut pas décider sereinement d'un axe de recherche si on ne sait pas d'où l'on part, quels atouts on détient et quelles sont ses propres envies.

L'objectif du bilan est donc de faire état de vos acquis, de vos atouts, de vos points d'amélioration et de vos possibilités

Faire le bilan de son parcours et définir son projet est un moment délicat demandant un investissement important de votre part. Mis à part ceux qui ont naturellement une vocation toute trouvée pour un métier, cela demande une réflexion approfondie qui nécessite souvent de l'aide.

Vous pouvez faire votre bilan selon cinq axes :

› le savoir;
› le savoir-faire;
› le savoir-être;
› vos valeurs;
› vos motivations.

Le savoir représente vos connaissances théoriques acquises au cours de votre cursus scolaire, de votre formation principale, de vos formations continues et de votre expérience professionnelle.

Le savoir-faire est quant à lui axé sur vos compétences pratiques et vos aptitudes pour les mettre en œuvre. Tout au long de votre parcours, vous avez engrangé des compétences et des expériences et il va falloir en faire l'inventaire.

Pour sa part, le savoir-être est attaché à votre personnalité. C'est votre manière d'être, votre comportement avec vos qualités et vos défauts. Si ce point est souvent négligé, il fait pourtant fréquemment la différence lors d'un recrutement.

Vos valeurs personnelles et professionnelles sont intimement liées à l'individu et à sa conduite. Elles représentent votre philosophie et votre mode de fonctionnement dans l'entreprise.

Enfin, vos motivations sont vos réacteurs, vos moteurs. C'est ce qui vous fait avancer et agir.

Posez-vous les bonnes questions

Tal Ben-Shahar, dans son livre *L'apprentissage du bonheur* (Pocket, 2011), décrit le procédé « SPA » : S pour sens, P pour plaisir, A pour atouts. Il suggère de se poser trois questions pour guider sa démarche de recherche d'emploi :

› qu'est-ce qui a du sens pour moi ?
› qu'est-ce qui me fait plaisir ?
› quels sont mes atouts ?

À travers ces questions, il est nécessaire de mener une réflexion approfondie pour dégager des orientations qui vous correspondent vraiment. Tal Ben-Shahar souligne également qu'il faut se donner le temps de la réflexion afin de ne pas tomber dans le piège de donner des réponses toutes faites à sa réflexion.

Où se situe le poste « idéal » ?

Quelle que soit la méthode que vous allez employer pour définir votre projet professionnel, le poste idéal doit se positionner à la croisée des besoins du marché, de vos envies et de vos compétences. S'il existe un déséquilibre trop important entre ces trois piliers, vous risquez de vous retrouver dans une situation précaire et à risque.

Positionnement du poste idéal

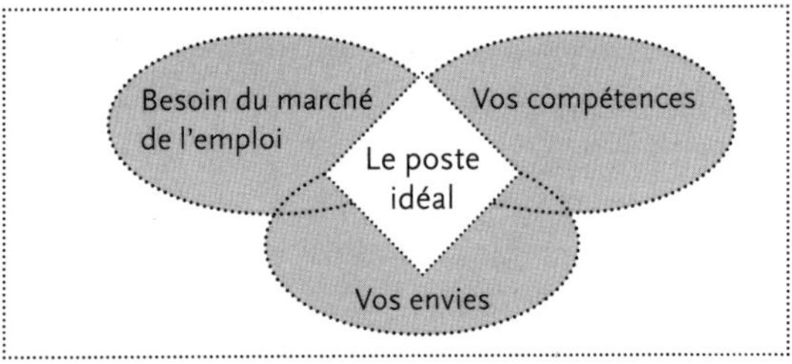

Ce schéma représente l'emplacement du poste idéal à la condition que vous cherchiez un poste dans le cadre de vos compétences actuelles. Si vous projetez de vous repositionner totalement sur un nouveau métier ou sur un nouveau secteur, il est nécessaire de passer par la case formation et/ ou stage pour acquérir de nouvelles compétences. Après cette mise à niveau, le schéma pourra tout à fait s'appliquer à votre nouvelle situation.

Si le besoin du marché est faible, vous risquez d'avoir des difficultés pour trouver un emploi en cas de recherche, ou d'être licencié si votre secteur d'activité devient peu porteur.

Si le poste que vous convoitez ou que vous occupez ne répond pas suffisamment à vos envies, vous risquez de ne pas montrer assez de motivation durant le recrutement et de vous ennuyer si vous obtenez le poste.

Si vos compétences ne sont pas en adéquation avec le poste, vous serez en difficulté à très court terme. Les entreprises laissent de moins en moins de temps aux salariés qui doivent devenir rapidement opérationnels pour atteindre leurs objectifs.

Gardez les pieds sur terre !

Quelle que soit la méthode que vous allez mettre en œuvre pour faire définir votre projet, il faut que la solution choisie soit réaliste. Bien évidemment, il faut arriver à détecter plusieurs types d'opportunités, certaines risquées, d'autres moins. Gardez cependant à l'esprit qu'il faut rester dans le champ des possibles. Il ne faut pas trop rêver. Vous trouverez toujours le cas d'une personne qui a réussi à changer simultanément de secteur d'activité et de métier. On cite souvent le cas d'un chauffeur de taxi devenu trader ou d'un directeur général d'un groupe du CAC 40 reconverti dans l'hébergement en ouvrant des chambres d'hôtes. Cependant, il ne faut pas penser que les réflexions sur un projet professionnel conduisent souvent à un changement de vie radical.

Ceux qui rêvent tout au long de leur bilan de compétences risquent d'en sortir avec une immense frustration en retournant dans leur quotidien. Il arrive que le rêve retombe, car les personnes ont pris le chemin vers un nouveau choix de vie plutôt que celui d'une réflexion concernant leur avenir professionnel. C'est pour cela qu'il est nécessaire de bien choisir son consultant afin qu'il canalise la réflexion tout en laissant la personne s'exprimer. Un choix de projet professionnel doit permettre de trouver l'équilibre entre le champ des possibles et vos envies. Il faut rester réaliste.

Évitez de vous lancer seul dans votre réflexion

L'appui sollicité peut être de plusieurs ordres, à titre d'exemple :

- un bilan de compétences ;
- un groupe de réflexion ;
- du coaching.

Le bilan de compétences

L'objectif du bilan de compétences est de dresser l'état des lieux et une synthèse de ses expériences passées, ainsi que de ses compétences actuelles. Dans un second temps, ce bilan est utilisé pour faire ressortir les possibilités professionnelles de la personne.

Cette démarche permet de rebondir en se donnant de nouveaux objectifs et de trouver un poste en adéquation entre ses compétences et ses envies.

Pour faire ce bilan de compétences, il convient d'être aidé par un consultant spécialisé en ressources humaines afin d'être assisté dans la méthodologie et surtout pour parler et échanger sur votre parcours. C'est à travers ces nombreux échanges que votre réflexion va avancer et mûrir au fil des semaines et que vous réussirez à imaginer de nouvelles voies.

Le bilan se déroule en trois phases :

- le cadrage (ou préliminaire) ;
- l'investigation ;
- la conclusion.

La première phase vise à confirmer l'engagement de la personne dans la démarche, à définir clairement les objectifs, et à prendre connaissance de la méthode et des techniques employées.

La phase d'investigation, elle, est destinée à vous interroger sur votre parcours, vos envies, vos forces, vos points d'amélioration, vos compétences, etc.

Enfin, la dernière phase vous amène à produire un document de synthèse qui reprend le projet que vous aurez élaboré, ainsi que les étapes de sa mise en œuvre.

En pratique

Quand réaliser un bilan de compétences ? Il peut être d'une grande aide lorsque l'on se pose des questions sur son avenir professionnel et/ou qu'on se lasse de son quotidien. Lors d'un licenciement, le bilan de compétences est également utilisé afin de faire le point sur son parcours et de se donner de nouvelles perspectives d'évolution.

Les groupes de réflexion de type AVARAP[1]

Pour leurs participants, le premier avantage des groupes de réflexion est d'être entourés et de ne pas affronter seuls des questionnements et difficultés grâce à la dynamique collective et des travaux de groupe.

La méthode AVARAP repose sur trois piliers :

› ce que je suis : définir son potentiel ;

› ce que je veux être : ouvrir le champ du possible professionnel ;

› ce que je vais faire : mon nouveau projet professionnel.

Ces travaux, même s'ils sont réalisés en groupe, demandent un travail personnel régulier. Il est également nécessaire de partager et d'aider les autres participants du groupe. La philosophie est réellement basée sur l'échange et l'apport de chacun au collectif durant les six à huit mois de vie du groupe. Cette méthode obtient de très bons résultats dans le cadre du retour à l'emploi des cadres.

1. Association qui aide les cadres en recherche d'emploi ou en activité à rebondir pour réaliser un nouveau projet professionnel. Sa méthode est basée sur la dynamique de groupe.

Le coaching

Le coaching individuel permet à une personne de faire un travail sur elle-même, d'évoluer et d'atteindre des objectifs qu'elle n'aurait pas forcément atteints seule. Le coach n'est pas là pour donner des orientations à appliquer, mais pour aider la personne à se découvrir, à décrypter son mode de fonctionnement et à progresser en mettant en œuvre ses propres solutions.

Le coaching prend fortement en considération la personne et son vécu pour l'aider à s'épanouir personnellement et professionnellement. En aidant à développer la confiance en soi, il permet de surmonter des difficultés, des peurs ou de l'inconfort dans des situations délicates.

Les trois points essentiels à retenir

- La remise en cause est nécessaire pour avancer.
- Profitez de votre bilan de compétences pour faire ressortir vos envies.
- Croyez dans vos projets et lancez-vous.

Fiche n° 4

Élaborer un CV efficace : les règles à respecter

Élaborez votre plaquette commerciale

L'objectif premier du CV est de décrocher un rendez-vous avec le recruteur. Le CV est votre plaquette commerciale, qui doit donner envie de vous rencontrer. Les questions que vous devez vous poser avant de le rédiger sont : qu'est-ce que je veux que le lecteur du CV retienne de moi ? quel est le message que je veux faire passer sur moi et sur mon parcours ?

Il est donc nécessaire d'attirer l'attention en indiquant des points précis et pertinents dans le cadre du recrutement, tout en évitant de le noyer sous un flot d'informations inutiles. Il faut trouver un équilibre et surtout rédiger de façon personnalisée pour chaque candidature. Le CV passe-partout et valable en toutes circonstances mène à l'échec pour décrocher un rendez-vous.

Alignez votre CV sur votre projet

Le CV polarise trop fréquemment l'attention du candidat qui pense qu'une fois son CV élaboré, il peut se lancer dans sa recherche. Il faut garder en mémoire que le CV n'est que l'aboutissement d'une réflexion sur son avenir professionnel. Il vous présente par rapport à votre son projet et selon la cible que vous visez.

Dans le cas contraire, même si vous arrivez à obtenir des entretiens, la probabilité de décrocher un emploi reste faible. Pourquoi ? Tout simplement parce que le recruteur sentira le manque d'alignement entre votre projet, qui n'est pas assez mûri ou abouti, et votre CV. Les recruteurs aiment les candidats qui ont clairement identifié leurs voies et leurs compétences. Cela démontre un certain niveau de maturité et s'avère très rassurant dans le cadre d'un recrutement. Les candidats qui postulent à un emploi par défaut, c'est-à-dire uniquement pour trouver un poste et non pas suite à une réflexion aboutie sur leur avenir, représentent la majorité des postulants. En ayant un projet professionnel aligné sur votre CV, vous sortirez immédiatement du lot.

Maintenez votre cap

Lorsque l'on élabore son CV, le soumettre pour avis à son entourage risque de donner autant d'avis différents que de personnes interrogées. C'est à ce moment-là que votre CV peut perdre sa ligne directrice. Il faut donc maintenir le cap de votre objectif professionnel tout en orientant le CV en fonction du poste visé. Il existe de nombreux sites Web très bien faits avec des conseils pour élaborer un CV (*cvconseils.com*, *cvpremium.com*, etc.)

Ciblez vos envois de CV

J'entends par cible l'entreprise et la personne qui peuvent potentiellement vous embaucher ou vous orienter vers l'un de leurs contacts. La question à se poser est la suivante : faut-il envoyer son CV *via* une candidature spontanée aux ressources humaines de l'entreprise ou à un manager opérationnel ? Ciblez plutôt le manager, car il sera le plus à même d'évaluer rapidement vos compétences métier. En outre, il aura une vision sur ses besoins en recrutement sur les mois à venir, ce qui n'est pas forcément le cas des ressources humaines.

En pratique

Il faut consacrer du temps à identifier le nom du manager qui vous concerne. Pour cela, recourez aux réseaux sociaux, sites d'entreprises, annuaires d'anciens, à vos connaissances et tout simplement au standard téléphonique de la société que vous visez pour obtenir un nom. Les « bonnes vieilles » méthodes fonctionnent encore bien et cela d'autant plus que de moins en moins de personnes les utilisent !

Un CV efficace ne peut être ciblé qu'après avoir clairement défini son projet professionnel. On entend d'ailleurs régulièrement : «*J'ai envoyé cinquante CV à des entreprises, mais je n'ai reçu aucune réponse...*» En général, cette remarque est le signe d'un envoi massif peu ciblé et non personnalisé. C'est une démarche de loterie. Il est possible de gagner, mais on a peu de chance. Il est préférable d'adopter une démarche de «*sniper*» plutôt que d'arroser dans toutes les directions.

Ne misez pas tout sur l'envoi du CV

Nous verrons plus loin dans ce livre dans la fiche n° 7 qu'il n'est pas recommandé d'envoyer directement son CV en dehors d'une réponse à une annonce. Si vous le faites parvenir à une personne qui ne passe pas d'annonce pour tenter votre chance, cela équivaut à demander directement un travail ; or, dans la majorité des cas, la personne n'aura rien à vous proposer. En revanche, si vous rencontrez la personne, vous bénéficiez de plusieurs avantages :

- vous faites la connaissance d'un contact que vous garderez dans votre réseau ;
- vous pouvez récupérer de l'information (marché, concurrence, etc.) ;
- vous avez la possibilité de vous vendre en direct ;

› vous pouvez solliciter d'autres contacts.

Il est donc beaucoup plus efficace de mener une démarche réseau expliquée dans la fiche n° 7 que de faire des envois en nombre de CV.

Les points incontournables pour élaborer son CV

Faites

› Faites tenir votre CV en une ou deux pages maximum en cas de longue expérience.

› Accompagnez le CV d'une lettre de motivation.

› Fournissez des données concrètes (chiffres, progression, etc.).

› Distinguez bien les missions, les réalisations et les résultats.

› Misez sur un CV partant de votre dernier poste ou sur un CV par compétences. Un mélange des deux est possible. Les autres présentations sont à éviter.

› Intégrez des références d'anciens managers.

Ne faites pas

› Envoyer un CV sans le relire.

› Mentir sur ses diplômes ou ses responsabilités.

› Mettre trop d'éléments en gras, les souligner ou employer trop de polices différentes.

› Opter pour une mise en pages trop originale, sauf pour certains métiers (graphiste, dessinateur, etc.).

› Indiquer des abréviations connues seulement de vous, employer le style télégraphique.

› Écrire des informations inutiles : par exemple, baccalauréat si vous avez des diplômes d'études supérieures et dix ans d'expérience.

› Compléter la rubrique loisirs avec des activités passives : lecture, jeux vidéo, broderie, sauf s'ils ont un rapport direct avec le poste visé ou une plus-value particulière.

Les trois points essentiels à retenir

- L'objectif du CV est de décrocher un rendez-vous.
- Le CV est votre plaquette commerciale.
- La cible du CV est encore plus importante que le contenu du CV.

Fiche n° 5

Rédiger une lettre vendeuse

Voici les règles à respecter pour susciter l'intérêt du destinataire de la lettre.

Démarquez-vous avec votre lettre

Si la lettre de motivation permet de personnaliser la candidature, bien souvent elle démarque le candidat au sens négatif du terme. Les lettres sont stéréotypées, commençant par «*votre annonce a retenu toute mon attention*», ou «*votre annonce m'intéresse*». Les fautes d'orthographe sont fréquentes. La lettre fait redondance avec le CV en reprenant les expériences qu'il contient. Les qualificatifs que s'attribuent les candidats sont souvent banals : «Je suis motivé», «Fort de mon expérience…», «Je suis dynamique.»

Bref, les bonnes lettres se font très rares. Il est donc intéressant de prendre du temps pour réussir à se démarquer, bien que de plus en plus de candidatures soient envoyées par e-mail avec un CV en pièce jointe et quelques lignes dans le courriel en guise de lettre. Cette façon de faire deviendra peut-être la norme, mais pour le moment, une lettre de motivation reste fortement recommandée.

Vendez votre projet

Pour faire le lien avec la fiche précédente traitant du CV, la lettre de motivation doit faire apparaître votre projet. Le rôle de la lettre est d'être le messager de votre dessein, de vos envies et de vos compétences. La lettre doit attiser la curiosité du recruteur, lui donner envie, le mettre en appétit.

Il existe deux types de lettre : celle que vous rédigez pour accompagner votre CV dans le cadre d'une annonce ou en spontané, communément appelée «lettre de motivation»; celle que vous pouvez écrire pour décrocher un rendez-vous, mais sans l'accompagner de votre CV. Ce courrier est une lettre d'intérêt que vous portez à une fonction ou à une entreprise.

Le premier type de lettre de motivation est classique dans une démarche d'annonce ou spontanée. Le plan habituel est «je, vous, nous». Le «je» vous présente, Durant le «vous», vous parlez de l'entreprise. Enfin le «nous» présente ce que vous pouvez construire en collaboration avec la société.

Le second type de lettre est à utiliser dans une approche différente que celle réalisée dans une démarche d'annonce ou spontanée, détaillée ci-après.

Utilisez la lettre d'intérêt pour décrocher des rendez-vous

La lettre d'intérêt peut être utilisée pour décrocher des rendez-vous dans le cadre du développement de votre réseau dans un secteur d'activité ou dans un métier que vous maîtrisez. Il est important de ne pas y joindre votre CV. L'absence de celui-ci est un prérequis à la prise de rendez-vous. Vous devez vraiment susciter l'envie de votre interlocuteur de vous rencontrer. Vous n'aurez pas de seconde chance ni de séance de rattrapage. Pour cela, vous devez être bien renseigné et cibler finement votre contact. Collectez un maximum d'informations

En pratique

Une catégorie de personnes est plus sensible et plus ouverte à la rencontre. Il s'agit de celles en poste depuis moins d'un an. Elles sont en effet dans une démarche de découverte de leur fonction et parfois de leur entreprise. Elles ont encore l'œil neuf et parfois sont à la recherche de nouveaux collaborateurs pour développer ou renouveler leurs équipes. Sur le site *cadremploi.fr*, vous trouverez de nombreuses nominations récentes de dirigeants qui pourront vous servir de base de contacts potentiels.

sur la personne que vous souhaitez rencontrer, ainsi que sur l'entreprise.

Il faut vraiment que le destinataire de votre courrier soit certain de rencontrer un professionnel de son secteur d'activité avec lequel il va pouvoir échanger sur leur métier. N'utilisez pas ce type de démarche si vous voulez changer de secteur d'activité ou de métier, car l'attrait de vos compétences et de vos connaissances aura moins d'impact pour donner envie à votre contact de vous recevoir. Dans le cas d'un changement d'orientation, il est plus judicieux d'utiliser la démarche décrite dans la fiche n° 7 consacrée à ce sujet.

Les trois points essentiels à retenir

- L'objectif de la lettre est de se démarquer par son projet.
- La lettre ne doit pas être une redite du contenu du CV.
- Une lettre peut être envoyée sans CV pour réussir à décrocher un rendez-vous.

Fiche n° 6

Répondre aux annonces

Passons en revue les différentes manières de répondre à une annonce.

Faut-il répondre directement ?

Cette question peut vous sembler saugrenue. Certains pensent qu'il ne faut pas répondre directement aux annonces. En revanche, pour se donner plus de chance et pour se démarquer, il faut entrer en relation avec un contact interne de l'entreprise qui passe l'annonce grâce à la démarche réseau. Ensuite, une fois introduit dans la société, vous réintégrez le processus de recrutement, mais en étant recommandé par Monsieur Dupont. Cela donne plus de force à votre candidature et augmente vos chances d'entrer dans le processus de recrutement en évitant la première sélection de CV faite par le recruteur. Cette technique suppose que vous soyez à l'aise avec la démarche réseau et que vous arriviez à entrer dans l'entreprise par le biais d'un contact. Ce n'est pas la technique la plus facile, même si elle peut sembler efficace.

Répondre à une annonce est simple et compliqué

Simple, car l'entreprise émet un besoin et le contact est tout trouvé. Compliqué, car l'annonce touche des milliers de candidats potentiels, ce qui donne lieu à plusieurs dizaines ou centaines de candidatures. En outre, le profil dont a besoin l'entreprise est fréquemment rédigé de manière assez large et il faut apprendre à lire entre les lignes.

Les CV envoyés par e-mail sont fréquemment triés par mots clés et le recruteur passe ensuite au maximum quelques minutes par document dans la phase de découverte. Tout CV et lettre de motivation mal rédigés sont écartés d'office. Ceux qui seront retenus en premier lieu, même si les recruteurs s'en défendent, sont les CV des candidats du secteur d'activité. Les recruteurs ayant comme consigne de sortir des sentiers battus sont rares, même si cela est plus fréquent qu'il y a quelques années. En France, chaque candidat a une étiquette sur le front avec son diplôme, son secteur d'activité et son niveau hiérarchique. Plus vous avancerez dans votre carrière, moins vous aurez l'opportunité de changer de secteur d'activité ou de fonction. En revanche, si vous êtes employé dans un groupe, les possibilités de changer d'orientation sont plus grandes.

C'est pour cette raison que la recherche d'un travail par annonce est davantage destinée à répondre aux personnes qui veulent rester dans leur secteur d'activité ou passer dans un secteur proche et avec une fonction également proche. Si vous souhaitez changer de secteur ou de poste, répondre aux annonces sera peu fructueux. La démarche réseau s'impose d'office dans ce cas de figure.

Comment passer le second cap ?

Le second cap peut être de deux ordres : un rendez-vous directement avec le recruteur ou une nouvelle sélection par téléphone par un chargé de recherche d'un cabinet de recrutement pour qualifier la candidature. Que va-t-il vous demander ? Vous devrez entre autres commenter votre CV afin de donner des précisions. Si vous êtes en poste, il voudra savoir si vous êtes actuellement dans une démarche de recherche active. Si oui, pourquoi? Votre niveau de salaire va également être abordé, ainsi que vos attentes dans ce domaine. Évitez de donner un chiffre précis. Donnez toujours une fourchette; cela évitera de vous disqualifier sur le salaire si jamais vous visez trop haut.

Si vous êtes hors poste, le recruteur vous demandera quelles sont les causes de votre licenciement ou pourquoi votre CDD (contrat à durée déterminée) n'a pas été reconduit. Il faut impérativement préparer une réponse à cette question qui vous sera systématiquement posée. De nos jours, le chômage est tellement courant que ce n'est pas un handicap aussi fort qu'à la fin des années 1990. Un discours bien rodé et cohérent passe donc tout à fait bien.

Profitez de cet échange pour récupérer de l'information sur le poste et l'entreprise. À ce niveau d'échanges, il reste rare que le nom de l'entreprise qui recrute vous soit communiqué dans le cas où un cabinet de recrutement joue les intermédiaires.

En général, le chargé de recrutement ne vous fixe pas de rendez-vous immédiatement, car il réexamine à nouveau les candidatures avec le consultant chargé du recrutement à la lumière des informations complémentaires que vous avez fournies.

Comment gérer le rendez-vous avec le recruteur ?

Au préalable renseignez-vous sur qui vous reçoit. Est-ce un membre de la direction des ressources humaines ou directement un opérationnel? il est important de le savoir, car votre discours doit être différent selon le profil de votre interlocuteur : vous serez en effet évalué sous des angles différents.

Cela semble évident, mais mieux vaut le rappeler : renseignez-vous sur l'entreprise. D'autant plus qu'avec Internet, il serait impardonnable de s'en abstenir.

Pour le détail de l'entretien, je vous conseille de lire la fiche n° 8.

Les trois points essentiels à retenir

- Répondez aux annonces principalement dans des secteurs ou des métiers dans lesquels vous avez de l'expérience, surtout si vous êtes très avancé dans votre carrière.
- Ne répondez pas trop vite à une annonce, laissez passer le flot des candidatures des premiers jours.
- Chercher du travail uniquement par annonces est réducteur, associez-y la démarche réseau.

Fiche n° 7

Apprendre à rechercher par le réseau

Le réseau est un canal de recherche incontournable. On entend régulièrement des personnes se vanter, en bombant le torse, de connaître le directeur de telle entreprise, le président de telle fédération, un chasseur de tête de chez Hudson, etc. Là n'est pas le plus important. Ce qui importe n'est pas qui vous connaissez, mais qui vous connaît. Qui va penser à vous pour vous mettre en contact pour une opportunité de job ? Qui va penser à vous pour vous donner une information sur le futur départ d'un salarié avec à la clé un poste vacant ? Ce sont les membres de votre réseau qui auront chacun dans un petit coin de leur tête vos aspirations et qui au moment opportun vous alerterons. C'est là tout l'intérêt de créer un réseau.

Ne vous privez pas des trois quarts du marché de l'emploi

La démarche réseau est incontournable pour trouver un travail, comme le prouve le chiffre suivant. Les trois quarts des postes vacants sont sur le marché caché, c'est-à-dire qu'il n'y a pas d'annonce affichée et visible pour pourvoir le poste. Ils sont donc pourvus par des personnes présentes au bon moment et au bon endroit. Cette proportion augmente avec l'âge et avec le niveau du poste.

Précisons la notion de réseau. Le réseau n'est pas uniquement un groupe de personnes que vous connaissez déjà, auxquelles vous pouvez passer un coup de téléphone pour trouver un travail dans les quarante-huit heures. Cela existe uniquement au cinéma. Le réseau est un ensemble de personnes que vous connaissez et/ou que vous ne connaissez pas encore et que vous allez rencontrer dans le cadre de votre recherche d'emploi. Votre réseau va donc se constituer au fil du temps et s'enrichir de nouvelles connaissances.

Il n'est pas question d'arriver au rendez-vous avec un CV sous le bras pour le mettre sur le bureau de votre interlocuteur. La démarche est heureusement plus subtile. Il s'agit de rencontrer des personnes pour se renseigner, s'informer, découvrir ou échanger sur un secteur d'activité ou un métier. Et l'objectif d'un rendez-vous est de sortir avec deux ou trois noms de personnes à rencontrer à nouveau et ainsi de suite. Un chiffre circule sur le taux de noms obtenu : on obtient en moyenne 1,2 nom par rencontre.

Pour ceux qui n'ont jamais pratiqué la démarche réseau, vous serez étonnés d'apprendre que vous serez reçus assez facilement par vos interlocuteurs pour parler de leur secteur d'activité et de leur métier. Les personnes sont en général curieuses de découvrir un autre professionnel et d'échanger des informations.

Comment amorcer les premiers rendez-vous et trouver des contacts

Commencez par des contacts que vous connaissez déjà pour roder votre discours et aborder les premiers rendez-vous plus sereinement. Il faut se rappeler que l'objectif premier du rendez-vous n'est pas de trouver un travail, mais de se renseigner et d'obtenir des nouveaux contacts pour développer la démarche réseau.

Ne négligez pas les contacts de moindre importance afin de garder vos meilleures cartouches lorsque votre mécanique sera bien huilée.

Le simple fait d'échanger entre professionnels permet à votre interlocuteur de vous jauger. Et s'il recrute directement ou s'il a connaissance qu'un de ses contacts recrute, il vous connectera avec lui. En fait, il faut éviter à tout prix de vous présenter en tant que demandeur d'emploi qui cherche un travail. Cela risquerait fortement de mettre mal à l'aise votre interlocuteur.

Gardez en tête les trois cas de figure possibles

L'objectif est effectivement de trouver un travail, mais en vous présentant à votre interlocuteur, vous allez rencontrer trois cas de figures principaux.

Premier cas de figure : votre interlocuteur recrute, mais vous ne le savez pas. En décrivant votre parcours et vos compétences, au fil de l'entretien, si votre profil l'intéresse il vous fera part de son emploi vacant. C'est alors à vous de prendre la main en vous renseignant sur le poste. Ayez l'air intéressé sans vous précipiter, car votre interlocuteur pourrait penser que vous n'avez aucun autre contact. Il vaut mieux donner l'impression d'être demandé plutôt que sembler en attente de proposition.

Deuxième possibilité : votre interlocuteur a connaissance d'un recrutement en cours chez l'un de ses contacts. Si vous êtes crédible, il vous donnera l'information et les coordonnées de son contact.

Dernier cas de figure : votre interlocuteur ne connaît aucun poste vacant. Dans ce cas, il faut que vous ressortiez avec au moins trois contacts et éventuellement la possibilité de vous recommander auprès d'eux de sa part. Cette recommandation sera un sésame pour être reçu et franchir les futurs barrages.

En pratique

Comment obtenir ces contacts ? Demandez à votre interlocuteur : à votre avis, qui devrais-je rencontrer dans le cadre de ma démarche ? Il y a de fortes chances qu'il vous donne un ou plusieurs noms si vous avez fait bonne impression. Le second objectif consiste à lui demander de se recommander de sa part. Si la réponse est affirmative, cela vous facilitera la tache pour être introduit. Il faut donner confiance pour que la personne vous ouvre son carnet d'adresses.

Gardez cependant bien à l'esprit que vous ne demanderez jamais clairement de poste. Le discours à adopter est le suivant : « *Je suis ici pour vous demander de l'information sur votre secteur, car vous êtes un spécialiste de votre domaine. J'ai déjà travaillé trois ans dans ce secteur et je souhaite me diriger vers tel métier. Je souhaiterais donc connaître l'état du marché et les compétences nécessaires pour y accéder.* » Vous devrez employer vos propres mots en respectant l'esprit de la démarche.

Avec ce discours, si votre interlocuteur recrute et si vos compétences correspondent à un poste disponible chez lui, votre contact vous orientera vers le recruteur.

Remerciez votre contact et donnez des nouvelles

Quoi qu'il arrive durant l'entretien, qu'il soit très ou peu fructueux, n'oubliez pas de remercier la personne en fin de rendez-vous. Quelques jours plus tard, envoyez-lui un e-mail de remerciement et essayez de la tenir informée de vos recherches. Maintenir le lien présente plusieurs avantages. Le premier est de passer pour une personne polie, ce qui n'est pas négligeable, plutôt que de disparaître dans la nature du jour au lendemain. Cela vous donne aussi la possibilité de reprendre contact si vous avez entendu qu'un poste se libérait dans l'entreprise de votre contact. Enfin, vous pourrez ainsi lui rendre un service à votre tour le cas échéant, et lui renvoyer l'ascenseur. C'est ainsi que l'on se crée un réseau qui vit dans le temps.

Soyez tenace, le chemin peut être long

Une question vous brûle les lèvres : combien de personnes faut-il rencontrer pour décrocher un emploi ? En moyenne, il est nécessaire d'en rencontrer entre soixante et quatre-vingts pour obtenir deux à trois propositions et « gagner » le job de ses rêves.

Soixante à quatre-vingts rendez-vous, c'est énorme... La démarche réseau est donc un moyen efficace mais chronophage, qui demande une grande dose de ténacité.

La ténacité est vraiment nécessaire pour décrocher les rendez-vous par téléphone auprès de la secrétaire dont vous êtes la dernière des priorités, d'appeler si besoin quatre ou cinq fois pour joindre un contact, de se déplacer à l'autre bout de sa région parfois pour rien, de démarrer chaque rendez-vous avec toujours autant d'énergie comme si c'était le premier. Ne perdez pas de vue que le réseau est le moyen le plus efficace et qu'il fonctionne vraiment pour trouver du travail.

Les trois points essentiels à retenir

- La démarche réseau vous ouvre les trois quarts du marché de l'emploi.
- La démarche réseau produit des effets à moyen terme, entre six et dix-huit mois, selon le rythme de vos rencontres.
- La démarche réseau est incontournable dès l'âge de quarante ou quarante-cinq ans, d'autant plus si le niveau du poste recherché est élevé.

Vendre ses services en entretien

Certains lecteurs seront peut-être étonnés que le verbe « vendre » soit employé pour parler d'une candidature. En investissant dans une embauche, l'employeur en « veut pour son argent ». Tous les recruteurs cherchent des compétences qui lui apporteront directement ou indirectement un retour sur investissement. En conséquence, l'employeur achète un savoir-faire et le candidat vend ses services. Pour le faire de manière pertinente, il est indispensable que très rapidement vous compreniez le besoin du recruteur. À quel « problème » répond l'annonce qui est passée par l'entreprise ? Y a-t-il un déficit de compétence dans un domaine au sein de la société ? Si oui, de quelles compétences s'agit-il ? Y a-t-il un contexte particulier dans l'entreprise ou le service qui recrute ? En résumé, il faut creuser et comprendre les raisons du recrutement. Quel est le besoin ? Plus vous en saurez, plus vous pourrez affûter et cibler vos arguments.

Soyez ponctuel

La première chose qui peut paraître inutile de rappeler, mais que nous allons quand même aborder, est la ponctualité.

Si l'on transpose une réplique signée Michel Audiard – prononcée par le truand incarné par Jean Gabin dans le film d'Henri Verneuil « Mélodie en sous-sol » (1963) –, « *Une minute d'écart ne veut pas dire forcément soixante secondes, mais cela peut se transformer en années de placard»* au contexte d'un recrutement, on peut dire qu'une minute d'écart ne signifie pas forcément soixante secondes, mais cela peut se transformer en années de chômage.

Si vous pensez avoir du retard, prévenez votre interlocuteur!

Pourtant, l'inverse est également vrai. Si l'on vous fait attendre longtemps (quinze à vingt minutes), n'hésitez pas à relancer l'hôtesse d'accueil. Au-delà de trente à quarante-cinq minutes d'attente, il faut informer l'hôtesse que vous allez partir, afin qu'elle rappelle une dernière fois votre rendez-vous.

Un retard de votre contact peut signifier qu'il a un gros problème, c'est une première hypothèse. Cela peut également dire qu'il ne sait pas gérer son emploi du temps ou que c'est dans la culture d'entreprise de fonctionner ainsi. C'est à vous de vous interroger pour savoir si vous voulez évoluer dans ce type de société.

N'oubliez pas votre première impression

Gardez aussi à l'esprit que votre première impression est souvent la bonne, aussi bien concernant le manager que l'entreprise. Ne l'oubliez pas quand il s'agira de prendre une décision si vous recevez une proposition d'embauche.

Vendez vos services

Vous pouvez passer deux types d'entretien : ceux obtenus par votre réseau et ceux décrochés suite à une réponse à une annonce.

Par le réseau

Dans le cas d'une démarche réseau, comme nous l'avons vu plus haut, il est nécessaire en moyenne de rencontrer entre soixante et quatre-vingts personnes pour obtenir deux à trois propositions de poste.

Entretien lié à l'envoi d'un CV (réponse à une annonce)

Ça y est, vous avez passé le premier filtre et votre candidature a été sélectionnée : vous avez décroché un rendez-vous. Vous faites donc partie d'une infime partie des personnes retenues par rapport à toutes celles qui ont envoyé leur candidature. Un recruteur reçoit en moyenne entre cinq et quinze personnes pour un poste. Votre probabilité de réussite est comprise entre 6 % et 20 %. Les puristes n'aimeront pas ce type de calcul, car il faut le pondérer par l'expérience, le diplôme, l'âge, etc. Il faut cependant retenir une chose : vous avez une opportunité à saisir en ayant été retenu. Pour maximiser vos chances, il est nécessaire de vous préparer, de vous préparer et pour terminer... il faut encore vous préparer.

Préparez-vous, préparez-vous et préparez-vous!

Voici les points importants à travailler pour « assurer », quel que soit le type d'entretien.

La tenue

Ce rappel peut vous sembler superflu. Le jour de l'entretien, évitez toutes les audaces vestimentaires et jouez la prudence en portant une tenue classique. On ne vous en voudra jamais d'être classique; en revanche, une tenue excentrique peut rebuter ou laisser songeur.

En pratique

Voici une petite astuce. Il a été prouvé scientifiquement après une étude qu'il valait mieux qu'un candidat soit habillé de couleurs sobres en présence d'un homme (marron foncé, bleu marine, gris). Alors que dans le cas où le recruteur est une femme, les couleurs vives sont recommandées.

La poignée de main

Tout en regardant votre interlocuteur dans les yeux, serrez-lui la main pleinement et fermement sans l'écraser, surtout si vous rencontrez une femme. Évitez aussi les mains moites.

L'attitude

On dit souvent que l'entretien se joue dans les trente premières secondes. C'est vrai et c'est faux. Vrai, car la première impression est souvent la bonne et si vous en donnez spontanément une mauvaise, le recruteur peut rester dessus consciemment ou inconsciemment. Faux, car lors de la première rencontre, le chargé de recrutement n'a pas forcément une mauvaise ou une bonne impression. C'est durant l'entretien que vous ferez la différence.

L'état d'esprit

Il est essentiel que vous arriviez au rendez-vous en croyant en votre potentiel et dans votre candidature. C'est indispensable pour réussir. Pour vous documenter sur ce point incontournable, lisez le livre de Laurent Gounelle *L'homme qui voulait être heureux*, cité plus haut. Vous découvrirez la force des croyances que nous avons sur nous qui peuvent nous faire aussi bien réussir qu'échouer. C'est l'une des clés pour progresser et aboutir dans de meilleures conditions.

D'un point de vue plus technique

Votre présentation

Vous devez être capable de vous présenter de manière brève et succincte. Une bonne présentation ne s'improvise pas. Le meilleur moyen est de préparer son texte et de l'apprendre quasi par cœur. Votre temps de présentation est limité. En deux minutes maximum, vous devez brosser votre profil de manière complète et pertinente. Un candidat qui ne sait pas bien se présenter n'entame pas son entretien sur de bonnes bases.

Entraînez-vous chez vous avec un chronomètre pour tenir le délai imparti. Lors de votre présentation, vous allez donner de l'information de premier niveau au recruteur ; vous devez être prêt à approfondir les points abordés dans l'entretien, ou au contraire à continuer votre présentation sur un mode plus détaillé. Pour vous guider dans ce deuxième temps, demandez à votre interlocuteur quels points il souhaite voir développés en particulier.

Les réalisations probantes

Au cours de votre vie professionnelle, vous avez réalisé de nombreuses choses (des projets, du management, des produits, etc.). Dans le cadre de la préparation à votre entretien, vous allez les lister. L'association AVARAP (lire la fiche n° 3) insiste sur ce point, qui constitue en effet un atout différenciant dans un entretien de recrutement.

Un exemple de matrice proposée par l'AVARAP

« Pitch »	
Circonstances (où, quand, fonction)	
Situation (problème, données, objectifs)	
Analyse	

Action	
Résultat	
Compétences mises en œuvre	

Les réalisations probantes impliquent que vous employiez le «je» lors de la présentation : «*J'ai mis en place*», «*J'ai contribué à*», «*J'ai décidé de*». C'est un point très important. Si vous employez «on» ou «nous», cela remet en cause votre rôle dans la réalisation, qui n'apparaîtra pas comme étant moteur.

Pour accrocher et intéresser votre interlocuteur, il est nécessaire d'annoncer en une phrase ce que vous avez fait : c'est le «*pitch*».

En pratique

Exemple : «*J'ai mis en place un nouveau business model.*»

Le «*pitch*» tient en une phrase directe et claire.

Il faut ensuite décrire le contexte, le problème rencontré et l'analyse qui en a été faite.

En pratique

Exemple : «*Lors de ma prise de poste dans l'entreprise Martin en 2009, j'ai constaté que le business model utilisé n'était pas assez rentable et qu'il était dépassé. La rentabilité des produits était en baisse constante depuis trois ans.*»

Expliquez ensuite l'action menée.

En pratique

«*J'ai donc décidé après validation de ma direction de mettre en place un groupe de travail avec les chefs de produits et la direction financière pour élaborer le nouveau business model.*»

Énoncez les résultats obtenus.

En pratique

«*En trois mois, j'ai piloté ce groupe et un nouveau business model a été mis en place avec succès. Les trois produits lancés en 2011 sur ce modèle ont vu leur rentabilité augmenter de 8 % par rapport à l'ancien modèle.*»

Enfin, détaillez les compétences mises en œuvre.

En pratique

«J'ai mis en œuvre les compétences suivantes : ma capacité d'analyse d'un problème complexe, ma capacité de convaincre la direction de changer de business model, le pilotage et l'animation d'une équipe projet pluridisciplinaire durant trois mois, la créativité pour imaginer un nouveau business model.»

En détaillant clairement de cette manière vos réalisations, vous réussirez à convaincre votre interlocuteur de votre valeur ajoutée et de votre esprit de synthèse. Si le sujet intéresse fortement le recruteur, il faut être prêt à entrer dans un niveau de détail plus important.

Attention : en cas de rendez-vous réseau, il ne faut pas vendre directement ses services, car ce n'est pas l'objet de la rencontre. Pour mémoire, le rendez-vous réseau est destiné à rencontrer le maximum de personnes qui travaillent dans des secteurs ou à des fonctions qui vous intéressent, pour vous renseigner et obtenir des contacts afin de continuer le «réseautage». Vous pouvez énoncer une réalisation probante si l'occasion se présente pour montrer vos compétences et votre niveau. Mais l'entretien réseau est moins direct qu'un entretien de recrutement, même si les deux peuvent aboutir aux mêmes résultats.

Les trois points essentiels à retenir

- Identifiez précisément le besoin qui a déclenché le recrutement.
- Professionnalisez-vous au maximum, préparez votre entretien, répétez chez vous.
- Ne vendez pas vos services dans un entretien réseau.

Négocier son salaire

La négociation de salaire est toujours un moment attendu fébrilement, car elle représente l'aboutissement d'un processus de recrutement ou d'une évolution interne. Le candidat est donc partagé entre la joie de se voir présenter une proposition quasi ferme et la négociation, qui peut s'avérer un moment de tension avec l'employeur — et cela juste avant la signature définitive du contrat. Il est donc nécessaire de trouver le bon équilibre entre l'ouverture pour négocier et la fermeté nécessaire pour tenir votre position.

Soyez transparent dans votre décision

La première chose à éviter est de ne pas faire pas perdre la face à votre (futur) employeur, surtout s'il joue franc-jeu avec vous. Il ne faut surtout pas snober une offre sous prétexte que vous avez déjà reçu plusieurs propositions. Le monde est petit, ne l'oublions pas. Il faut être transparent en expliquant les raisons de votre choix d'aller ailleurs, si telle est votre décision finale.

Comment faire pour garder la main lors de la négociation ?

Il existe plusieurs conditions pour garder les cartes en main. *La première et la plus importante est de ne jamais parler le premier.* Il faut faire dire à l'employeur son chiffre. Pourquoi ? Tout simplement, parce que *c'est le premier chiffre annoncé qui sert de base de négociation*. Ce dernier sera d'ailleurs la limite basse dans votre esprit si c'est l'employeur qui l'annonce, et la limite haute pour l'employeur si c'est vous qui le proposez.

Si vous annoncez le premier un chiffre et qu'il est bas par rapport à l'enveloppe du recruteur, vous ne réussirez jamais le faire remonter. Premièrement, parce que vous ne connaissez pas la fourchette de salaire dont dispose votre interlocuteur; deuxièmement, car il est très difficile de trouver un argument à mettre en avant pour justifier d'augmenter votre proposition.

Si vous êtes dos au mur et devez annoncer un montant, donnez le chiffre que vous avez en tête et ajoutez-y 15 % ou 20 %. Cela vous évitera tout regret si le recruteur accepte votre proposition. Et si votre interlocuteur vous informe que c'est trop élevé, vous partirez d'une base de négociation qui vous laisse de la marge.

N'oubliez pas également que vous pouvez dire non au cas où il ne serait pas vital pour vous d'obtenir ce poste. Savoir que l'on peut décliner l'offre réduit la pression sur le résultat de la négociation.

Comment négocier

Conditions proposées par le recruteur	Contre-proposition à faire
Fixe trop bas	Si vous ne pouvez pas augmenter le fixe, demandez un variable en plus avec des objectifs clairs à atteindre.
Fixe trop bas et variable trop bas	Négociez ce qui est le plus important pour vous, le fixe ou le variable. Demandez des avantages en nature (véhicule de fonction, téléphone, ordinateur, etc.).
Fixe trop bas et variable trop élevé	Assurez-vous d'un fixe plus élevé pendant la période d'essai ou demandez une augmentation du fixe (par écrit) au bout de six mois.

La plupart du temps, les séquences liées à la rémunération se déroulent de la manière suivante.

Au premier entretien, ou vous demande : « *Combien gagnez-vous actuellement ?* »

Il faut répondre franchement à cette question, sans tricher. Vous pouvez bien sûr arrondir légèrement votre salaire à la hausse. Personne ne vous reprochera d'annoncer 40 000 euros si vous gagnez en réalité 39 000 euros. En revanche, prétendre que vous gagnez 40 000 euros, quand vous en gagnez 35 000, est purement malhonnête. Vous trichez de près de 15 % ! N'oubliez pas que le monde du travail est petit, et qu'il est tout à fait envisageable que votre recruteur connaisse déjà votre niveau de rémunération.

Il ne faut pas se dire « *je vais dire plus pour gagner plus* ». Si vous changez de job, c'est de toute manière pour gagner plus. Il faut que vous soyez à l'aise avec la progression que vous allez demander.

Il faut penser à intégrer votre salaire fixe et éventuellement votre variable, votre intéressement et votre participation. À cela s'ajoutent les avantages en nature : voiture, téléphone, ordinateur portable, etc. Notez que certains, pour gonfler leur rémunération, annoncent un variable un peu plus important que la réalité. Ceci est assez difficilement contrôlable par un recruteur.

Au premier entretien, le recruteur vous demande ensuite : « *Quelles sont vos prétentions ?* »

Certains recruteurs s'abstiennent de vous demander la nature vos prétentions. Ils vous informent plutôt qu'au regard de votre expérience et de votre diplôme, votre salaire sera de tant d'euros. Il devient alors quasi impossible de négocier. Vous êtes en effet dans une grille et il est difficile d'en sortir. La question qu'il faut alors se poser est la suivante : ai-je envie d'entrer dans une entreprise qui aujourd'hui peut presque m'annoncer au centime près combien je vais gagner dans trois ans ? Cela peut en rassurer certains, mais en faire fuir d'autres.

Il arrive aussi que des recruteurs n'abordent pas le sujet du salaire. Dans ce cas, n'hésitez pas à poser la question du niveau de la rémunération. Mieux vaut montrer que c'est pour vous un élément important, plutôt que de ne pas en parler du tout.

Sinon, il faut toujours répondre en indiquant une fourchette. Si vous dernier salaire a été de 35 000 euros, vous pouvez dire que vous ciblez un salaire compris entre 40 000 et 45 000 euros, en raison de votre expérience et de ce que vous pouvez apporter à votre futur employeur. Si l'on vous fait remarquer que cette fourchette est élevée par rapport à votre ancien salaire, il faut enfoncer le clou en argumentant que vous souhaitez quitter votre employeur, car votre salaire n'est pas au niveau du marché. Et que c'est l'un des éléments qui vous a motivé pour changer d'entreprise.

En résumé, fixez-vous toujours une fourchette cible de salaire dès le premier entretien. Il faut éviter à tout prix d'être surpris par une question concernant vos prétentions.

Est-il risqué de demander beaucoup et d'obtenir beaucoup ?

Il peut être à double tranchant d'arracher un salaire très élevé par rapport à votre poste dans l'entreprise et/ou par rapport au marché. Vous vous demandez sûrement pourquoi...

À court terme, votre employeur attend immédiatement plus de vous que de n'importe quelle autre personne et souhaite un retour sur investissement rapide. Si jamais le montant de votre salaire circule dans l'entreprise, comme c'est souvent le cas, vous deviendrez une cible facile pour l'ensemble des salariés si vous n'affichez pas rapidement de résultats. Il faut pouvoir supporter cette pression.

À moyen terme, à moins que vous ayez un côté mercenaire avec un état d'esprit «*je prends tout de suite ce que je peux et on verra par la suite ce qu'il adviendra*», obtenir beaucoup peut également se révéler un piège. En effet, si vous êtes salarié dans un grand groupe qui se réorganise, il sera difficile de retrouver facilement un poste en cas de réorganisation d'envergure.

À l'inverse, il peut arriver que votre nouvel employeur vous rémunère peu par rapport aux autres à poste équivalent. Il existe plusieurs cas de figure. Soit il s'agit d'une nouvelle politique salariale pour tout nouvel embauché, soit vous êtes un cas isolé. Si votre poste est à périmètre identique aux autres en termes de responsabilité, c'est un mauvais calcul pour l'employeur, car tout se sait. Par conséquent, soit la démotivation vous guette au regard de la différence de salaire, soit vous déciderez de partir. Avant de faire votre choix, si on vous propose un salaire que vous savez plus bas que celui du personnel en place, demandez-vous pourquoi. Attention, on ne rattrape jamais un retard de salaire. C'est illusoire. On peut perdre une avance que l'on avait sur ses collègues, mais l'inverse reste rare.

Comment négocier lors d'une évolution en interne?

Pour revenir à la négociation de salaire à proprement parler, celle-ci se prépare dès le premier entretien, bien avant les pourparlers en fin de recrutement. Il faut dès le premier contact être prêt à répondre correctement aux questions concernant le salaire.

Ainsi, dans le cadre d'une évolution en interne, la négociation se base sur votre salaire actuel. La situation est en général moins favorable que si vous veniez de l'extérieur. Nous connaissons tous des personnes en poste de longue date moins bien payées que de nouveaux arrivés, même moins expérimentés.

Si vous le pouvez, attendez l'annonce de votre nomination pour négocier. Une fois que l'information est diffusée, tournez-vous vers votre manager pour demander une augmentation, si elle ne vous a pas été proposée. En effet, il arrive de plus en plus souvent que l'on propose plutôt de « travailler plus pour gagner pareil ». Il faut à ce moment un peu de courage et dire : « *Je ne prends pas ce poste à ces conditions. Si l'entreprise estime que mes compétences me permettent d'évoluer, je ne vois pas pourquoi mes compétences ne seraient pas rémunérées.* » Attendez la réaction. Si vous voyez que la situation ne se débloque pas ou si la proposition reste ridicule, proposez une augmentation en deux fois, par exemple. On peut également demander une augmentation à partir d'un objectif atteignable fixé par votre nouveau manager.

Augmenter son salaire au même poste

Pour terminer sur le sujet du salaire, voici quelques conseils pour ceux qui souhaitent négocier une augmentation de salaire tout en restant au même poste.

Choisissez le bon moment, ne négociez pas entre deux portes. La négociation justifie à elle seule de prendre un rendez-vous.

Ne parlez pas de vos qualités pour faire monter les enchères. Évoquez uniquement les problèmes que vous allez résoudre pour l'entreprise ou que vous avez résolus par le passé. Le manager achète des solutions, non les qualités d'une personne.

Renseignez-vous sur l'état d'esprit de votre manager. S'il traverse une période difficile professionnellement ou personnellement, différez votre demande.

Arrivez au rendez-vous avec des données comparatives sérieuses sur votre fonction sur le marché de l'emploi. Cela permet de présenter des informations objectives à son manager.

Tout au long de l'année, communiquez sur vos réalisations. Il faut se rendre visible et montrer son investissement et ses résultats. N'attendez surtout pas le jour de l'entretien pour cela.

N'hésitez pas à accepter des missions difficiles.

Selon le profil de votre manager et votre capacité à négocier, placez la barre très haut pour négocier à la baisse ensuite ou dès le départ, demandez un montant acceptable.

Pour terminer, si vous n'arrivez pas à négocier une augmentation, demandez à votre manager quelles sont les conditions pour être augmenté. Il vous fixera probablement de nouveaux objectifs qui donneront lieu à une augmentation s'ils sont atteints.

Les trois points essentiels à retenir

- Avant l'entretien vous devez vous fixer une fourchette de rémunération, ne donnez pas un montant précis.
- Évitez de donner en premier vos attentes en termes de salaire, faites parlez d'abord le recruteur.
- Si vous n'arrivez pas à obtenir le salaire que vous souhaitez, demandez au recruteur des engagements pour la suite à partir d'objectifs clairs et précis.

Fiche n° 10

Donnez de la valeur à vos compétences

Si vous exercez un métier sans disposer des diplômes afférents et que vous souhaitez valoriser vos compétences, il existe un moyen de reconnaissance de vos compétences qui se développe de plus en plus pour faire reconnaître votre savoir-faire, votre savoir-être et vos connaissances. Il s'agit de la certification de compétences.

Cette certification consiste à faire reconnaître ses compétences par un organisme certificateur tierce partie. La tierce partie implique une totale indépendance dans la décision de certifier ou non une personne. C'est là toute la force du dispositif. C'est une entreprise extérieure qui atteste des compétences.

Plus de vingt métiers bénéficient d'un certificat de compétence par l'organisme certificateur le plus actif et le plus reconnu en France, AFNOR Certification : commercial, auditeur qualité, coach, diagnostiqueur immobilier, contrôleur de gestion, responsable qualité, responsable environnement, responsable sécurité, responsable développement durable, conseiller en gestion de patrimoine, inspecteur en pompe à chaleur et climatisation, évaluateur et formateur en bonnes pratiques dans le médico-social, etc.

Affichez clairement vos compétences certifiées

Une entreprise qui propose à ses salariés de se certifier ou qui embauche des personnes certifiées a l'assurance que la personne maîtrise son métier. En effet, pour être certifiée, la personne doit réussir des examens élaborés par le certificateur. Être certifié nécessite parfois de suivre une formation obligatoire ou facultative selon les prérequis de la certification. Réussir à être certifié est accessible à tous, mais 60 à 80 % des candidats réussissent les épreuves au premier passage. Cela donne toute sa valeur à la certification tierce partie, contrairement à ce qu'on observe parfois au sein d'organismes de formation qui proposent des formations certifiantes.

N'achetez pas une copie de certification

Ce type de reconnaissance « formation certifiante » n'assure pas l'indépendance entre les activités de formation et de certification, car c'est la même entreprise qui délivre les deux prestations. Il est dans ce cas de figure quasi impossible pour celle-ci de former une personne qui échouerait ensuite à l'examen de certification. C'est toute la difficulté d'être juge et partie. C'est tout le contraire avec un organisme de certification, qui s'interdit toute activité de formation et peut ainsi sans aucun préjugé ni pression faire passer les épreuves de certification et prendre en toute indépendance sa décision de certification (réussite ou échec).

Maintenir ses compétences

L'un des avantages de la certification est qu'elle maintient les compétences dans le temps. Contrairement au diplôme qui vous déclare compétent toute votre vie, la certification de compétence est valable pour une période déterminée, en général pour trois ou cinq ans. À mi-parcours, le certifié passe un examen de contrôle afin de vérifier que celui-ci est toujours à niveau dans le domaine certifié.

D'autres moyens existent pour valoriser vos compétences. Il est toujours possible de reprendre des études pour passer un diplôme. La validation des acquis de l'expérience, plus connue sous le sigle VAE, peut également donner accès à une reconnaissance. C'est une procédure qui allie la vérification, l'évaluation et l'attestation des acquis et des compétences du candidat par un jury. Il est juste nécessaire d'avoir trois ans d'expérience professionnelle dans le domaine ou le métier dans lequel vous souhaitez valoriser vos compétences.

Quel que soit le moyen que vous choisirez pour valoriser vos compétences, ayez à l'esprit que cela sera un avantage indéniable dans le cadre d'une recherche d'emploi. Peu de personnes ont le courage et la volonté de se lancer dans de telles démarches, car cela représente des efforts importants. Cela donnera donc une vraie valeur ajoutée à votre parcours et c'est un moyen efficace de se différencier dans le cadre d'un recrutement.

Les trois points essentiels à retenir

- Être certifié par un organisme certificateur permet de se différencier.
- Le certificat de compétence rassure un employeur.
- La certification démontre à un employeur votre volonté de progresser.

Comment utiliser le Web sans se disperser

Le Web est incontournable dans une recherche d'emploi, qu'elle se fasse par annonce ou par réseau. Internet peut vous aider à plusieurs niveaux. Pour ne pas perdre trop de temps sur ce média de taille presque infinie, il est indispensable de cibler sa recherche dès le départ, qu'il s'agisse de trouver des offres d'emploi, de « réseauter », ou de s'informer.

Conservez longtemps le même e-mail

Afin de se donner le maximum de possibilité d'être contacté par d'anciens contacts, vous avez tout intérêt à garder longtemps le même e-mail. N'utilisez pas votre adresse professionnelle si vous en avez une pour votre recherche d'emploi. Une adresse personnelle est préférable. Elle montre au recruteur que vous n'abusez pas des moyens de communication fournis par votre employeur pour chercher du travail. De plus, il est aussi plus judicieux de ne pas utiliser la messagerie professionnelle pour des raisons de confidentialité liées à votre entreprise.

En pratique

L'adresse personnelle doit être rédigée de manière professionnelle, c'est-à-dire qu'elle doit être composée de votre nom et de votre prénom. Évitez toute familiarité de type nat32pontoise@yahoo.com et la complexité du genre pierre7_Dupont567@yahoo.com.

Pistez les annonces sur les sites d'emploi

Dans le cadre d'une recherche d'emploi par annonce, il convient de mettre en place les alertes e-mail que proposent les sites de recherche d'emploi, à la fréquence que vous le souhaitez. Vous serez ainsi prévenu des annonces qui correspondent aux mots clés que vous avez sélectionnés.

Les sites de la plupart des entreprises proposent également une rubrique « ressources humaines » ou « offres d'emplois » dans laquelle vous trouverez des annonces. C'est un canal à ne pas négliger, car ces offres ne sont pas toujours mises en ligne sur des sites tels que cadremploi, monster, keljob, etc.

Ces sites permettent également d'y laisser son CV. N'hésitez pas à le mettre à disposition. En revanche, si vous mettez votre CV sur plusieurs sites, faites en sorte qu'ils soient tous à jour et cohérents. Parfois, on peut être tenté d'avoir des CV différents en fonction des cibles. Ce n'est pas un problème, mais il faut veiller à ce qu'ils ne soient pas contradictoires ou mensongers.

Utilisez les réseaux sociaux

Les réseaux sociaux sont de plus en plus nombreux. Il est important d'être présent sur ces sites, mais il ne faut pas non plus en attendre monts et merveilles. Selon une étude de 2009 (Novamétrie – Digital Jobs de septembre 2009), seuls 2 % des embauches se réalisent *via* les réseaux sociaux. Ce pourcentage a probablement augmenté depuis la date de l'enquête, mais il ne doit pas dépasser 3 ou 4 %. Ce canal reste donc marginal, même s'il devrait prendre de l'importance au fil des ans. C'est pour cette raison qu'il faut prendre soin de remplir soigneusement son profil. Les informations que vous donnez doivent être exactes et tenues à jour. Votre crédibilité est en jeu.

Commencez par créer votre réseau avec votre entourage professionnel pour ensuite l'étendre aux nouveaux contacts que vous rencontrez. Deux écoles existent pour développer son réseau. Certains enrichissent leur réseau uniquement avec des personnes qu'ils ont au préalable rencontrées physiquement. D'autres développent leur réseau en prenant contact avec d'autres membres sans les connaître, mais sous prétexte d'un point commun. Il n'est pas très intéressant ni utile d'avoir dans son réseau des personnes que vous ne connaissez pas. Seules certaines professions, par exemple les professionnels du recrutement, ont peut-être intérêt à développer leur réseau à tout-va afin qu'il devienne très étendu. Plus intéressant que de multiplier les contacts, inscrivez-vous à des groupes qui ont des sujets d'intérêts communs que proposent la plupart des réseaux sociaux. C'est un bon moyen d'étendre votre réseau sur des bases solides en partageant des préoccupations communes. En ce qui concerne les réseaux sociaux de type Facebook, soyez très prudent dans les informations que vous mettez en ligne, car les recruteurs y cherchent fréquemment des renseignements supplémentaires sur les candidats.

Bien connaître les entreprises que vous ciblez

Le Web est une mine d'or où vous pouvez trouver une quantité impressionnante d'informations sur les entreprises et sur vos contacts potentiels.

Des bases de données gratuites ou payantes permettent d'obtenir des coordonnées d'entreprises selon leur secteur d'activité. Le site des Chambres de commerce et d'industrie (www.aef.cci.fr) met à disposition un annuaire des entreprises. Il est possible de faire des recherches par secteurs d'activités, par taille, par zones géographiques, etc.

Vous trouverez également d'autres bases mais payantes :

– Kompass France et International : dirigeants, produits, services et marques.

– Thomson ONE Banker : données financières, fusions, acquisitions.

– Orbis : comptes détaillés et liens financiers de cinq millions et demi d'entreprises, données financières sur 4,9 millions d'entreprises complémentaires. Orbis intègre une quinzaine de bases de données (Diane, Amadeus, Bankscope, Isis, Osiris, Zephyr, Markus, Reach, Belfirst, Aida, Sabi, Odin, Fame, Icarus).

Les trois points essentiels à retenir

- Le Web est important, mais ne vous dispersez pas dans vos recherches.
- Les réseaux sociaux professionnels prennent de l'importance dans les embauches.
- Votre crédibilité est en jeu sur le Web. Soyez prudent quant aux informations que vous mettez en ligne. Internet a plus de mémoire que vous.

Fiche n° 12

Les contacts utiles

Quelques sites incontournables

› Les sites les plus connus de recherche d'emploi :

- *www.apec.fr*
- *www.cadremploi.fr*
- *www.cadreonline.com*
- *www.keljob.com*
- *www.monster.fr*
- *www.pole-emploi.fr*

› Les réseaux sociaux professionnels les plus connus :

- *http://fr.linkedin.com/*
- *www.viadeo.com/fr/*
- *www.6nergies.net/*
- *www.qualileo.org/*

Des contacts à ne pas négliger

Ces contacts peuvent vous aider dans votre démarche d'élaboration d'un bilan ou d'un projet professionnel :

› AVARAP est une association qui aide les cadres en recherche d'emploi ou en activité à rebondir pour réaliser un nouveau projet professionnel. L'AVARAP a des accords avec certaines écoles comme HEC (*www.avarap.asso.fr*).

› Compétences et Cie est un cabinet dirigé par Danielle Leroy. Il accompagne les cadres dans leur démarche de bilan, de coaching et de rédaction de CV (*www.competences-et-cie.fr*).

› Alexandra Cagol est consultant coach formateur certifié. Elle accompagne les entreprises ou les cadres dans leur démarche. Elle anime des actions opérationnelles de formation et de coaching en management des changements, appliqué au monde de l'entreprise (*www.linkedin.com/in/cagolalexandra*).

Les sites liés au recrutement

› Les sites de travail temporaire ou à durée indéterminée :

- *www.adecco.fr*
- *www.manpower.fr*
- *www.randstad.fr*
- *www.kellyservices.fr*

› Le site du Syntec conseil en Recrutement constitue la principale structure représentative de la profession du recrutement : *www.syntec-recrutement.com*

› Le site gratuit de l'annuaire des entreprises de la CCI : *www.aef.cci.fr*

› Le site annuaire des cabinets de recrutement et chasseurs de tête classés par région et par spécialités : *www.cabinet-recrutement.org*

› Le site AFNOR Certification dédié à la certification de compétence : *www.boutique-certification-personnes.afnor.org*

› Enfin, n'oubliez pas les sites des associations d'anciens d'élèves d'écoles ou d'universités et des milliers d'entreprises qui recherchent directement des candidats à partir de leur site (rubrique « recrutements »).

Conception et mise en page : ici & ailleurs

Achevé d'imprimer : EMD S.A.S.
N° d'éditeur : 4407 - N° d'imprimeur : 26000
Dépôt légal : février 2012
Imprimé en France

Cet ouvrage est imprimé - pour l'intérieur - sur papier Ambergraphic 90 g des papeteries Arctic Paper, dont les usines ont obtenu la certification environnementale ISO 14001 et opèrent conformément aux normes ECF et EMAS